JN438131

그리움 젖는 을숙도

서주열 6시집

청 옥

●● 시인의 말

그리움 젖는 을숙도

가을이면 항상 풍성함이 있다. 봄부터 기다려온 보람이 있기 때문이다.

산야도 두터워진다. 그것은 아무래도 수확의 결실이 있기 때문이겠다.

천혜의 자연경관인 을숙도가 갈대의 물결로 보기 좋게 풍성하다. 수천 년 수만년도 더 많은 세월에서 낙동강이 잉태해 낸 거대한 강공의 조형물이라 할 수 있다. 강은 물만 흐르는 것이 아니다. 태백산에서부터 한입 한입 모래알을 물어다 바다와 병작으로 대 역사를 지금도 을숙도에서 하고 있다.

자연은 위대하다. 낙동강이 만들어 낸 을숙도의 위대한 자연을 보전하는 일은 우리 문인들이 앞장서서 맡아야 할 일이다 이제 우리는 너나없이 한마음 한뜻으로 나의 을숙도 우리의 을숙도를 보전해 가기위해 이렇게 적어본다.

2014년 11월 11일 한국시창작연구원에서

문산 서 주 열

●● 목 차

■ 제 1 부 을숙도의 봄

제 2 부 유월의 밤

제 3 부 월력을 보다가

제 4 부 알고 있었다

제 5 부 소꼽동무

제 1 부

을숙도의 봄

을숙도에서

뒤돌아 스며드는 석양빛에
갈대들의 정다운 속삭임을
그 사람과 귓속에 퍼 담으며
발걸음 옮겨가는 을숙도의 전경

노을에 그려지는 그림 속에
강물까지 물들여진 하구언
붉은 강물에 은빛 물고기들이
군무처럼 강을 몰려다닌다

황지연에서 발원했다는 소식에
기다리는 을숙도의 물맞이꾼들
갈대바람에 흐드러진 물결로
손잡은 발걸음 소리 듣지를 못 하네

산원강청* 열려진 을숙도는
세월의 흔적으로 무게가 쌓여지고
한없이 밀리는 지난날의 그리움은
을숙도에서 찾아낼 그 사람의 체취.

*산은 멀고 강은 맑다.

을숙도에 있어야 할 사람

젊음이 아니어도 가슴 설레고
비슷한 또래 아니어도 옆에 있어서
시 한수 읊어 줄 여인 있음 좋겠다

둘이서 발맞추면 어울려저서
웃어주고 싶어짐에 마주 보며
길을 걸어 온종일 헤매어도
함께이고 싶은 그런 여인을

설렘을 주면서도 편안해서 좋은
그런 여인이 내 옆에 있어준다면
멋지다고 사람들이 말할 것 같다

봄이면 꽃잎 날리는 을숙도를 걷고
가을이면 갈대밭에 숨어 노는
그런 여인과 함께이고 싶은 마음
오늘도 내일도 을숙도에서 찾는다.

을숙도의 봄

봄은 해마다
을숙도의 갈대밭에서 온다.

서걱거리는 갈대들의
아랫도리 밑에는
제비꽃이 숨어서 피고
한걸음 옮기면 민들레 꽃도
눈웃음 짓고 있다

승학산 두견화 터지는 소리에
천마산 뻐꾸기 소리 함께 실어내려
을숙도를 봄기운으로 덮는다

에덴공원은 봄바람 기다리다
찔레의 눈곱을 뜯어내
새순을 밀어내고 있으면
찾아온 봄이 재롱을 부리는데

훈풍이 불어주는 강 언저리에
나물 캐는 여인의 가슴들이
환하게 웃고 있는 을숙도의 봄이여.

을숙도의 여름

을숙도
수억만 년을
살아 숨 쉬어 갈 곳

봄이면 갈대밭에
온갖 생명들이
둥지를 틀고 식구를 불린다

군락 이루는
버들가지는
산드레 산드레 물푸레질로
침묵의 자장가

간간이 찾아드는 물총새들
암수로 짝을 이루고
벌 나비들 한가로이 노니는데

꿈을 꾸는 적막으로
영원을 숨 쉬어갈
낙동강의 을숙도여.

을숙도 연가

갈대가 꽃 피는 가을이 오면
춘삼월 떠나간 기러기들 모이는데
굽이쳐 내려오는 낙동강물이
해마다 물고 오는 태백산의 선물
쌓이는 을숙도는 해마다 자란다

굽이친 강물에는 철새들 모여
지난해 그 모습이 얼마나 변했나
날고 있는 을숙도의 가창오리 때
서산에 지는 해는 아쉬움에 넘는데
오늘도 기다리는 내 임은 소식이 없다

석양은 저녁마다 노을을 남기고
철새들 둥지 찾아 헤매는 밤에
갈대숲 보듬으며 눈물 적시는 사람
언제쯤 돌아설지 을숙도는 아느냐
아무리 기다려도 오지 않는 임이여.

을숙도의 맨드라미꽃

가로변에 핀 맨드라미 꽃
올해도 을숙도 그 자리에서
작년처럼 빙그레 피었네

엄마를 닮아서 저리 예쁠까?
아빠에게 배워서 그리 고울까
모습이 지난해 사진처럼 닮았다

너의 붉은 벼슬을 보고 있으면
꽃인지 조각인지 아리송해도
붉은 계관*을 쓴 모습이 늠름해서 좋다

열정을 발산하려 그리하는지
누구를 기다림에 그리하는지
궁금해진 마음이 자꾸만 다가가는데

네가 와야만 가을이 온다 하기에
봄부터 구월까지 기다렸는데
그래서 계관을 을숙도에서 쓰고 있구나.

*닭 볏

을숙도 강변길

갈대숲 바라보며 잡아주는 손으로
뛰는 심장 소리 내 몸에 옮겨 줄 때
솜처럼 포근함으로 너를 바라보았다

스쳐간 세월의 그 자리에서
팔짱을 끼고 혼자 걷고 있으면
바다 갈매기 끼륵끼륵 날아와
너의 빈자리 메워주고 있다

묻어둔 추억의 곳간에서 문득문득
헤집고 나오는 을숙도의 추억이
발걸음 소리 앞질러 가고 있는데

지금 생각해보니 그때 우리는
갈대 속의 제비꽃이 보는 줄도 모르고
몰래몰래 강변을 걸어가고 있을 때

펌프질해대던 나의 심장 소리
네 가슴에 옮겨 주려 손잡아 주면
마중 나온 두 마음이 함께 뛰놀던
눈이 큰 영희가 그리운 을숙도여.

을숙도 아리랑

꽃 피는 을숙도에
벌 나비 모여들고
단풍드는 구시월엔
갈대밭 부산하다

아리랑 아리랑 아라리요
아리랑 을숙도 아라리요

바람에 흔들리다
멈춰 서면 보이는 임
천 리 먼 길 나를 찾아
밤낮으로 오신 당신

아리랑 아리랑 아라리요
아리랑 오시는 곳 을숙도라

언제나 봄이 오면
꽃 피고 나비 나는데
오실 임 기다리는
을숙도의 봄가을이네

아리랑 아리랑 아라리오
아리랑 부르는 을숙도라.

그리움 젖는 을숙도

우리가 처음으로
을숙도에서 만났을 때
세상을 다시 보았습니다

언제나 가슴속에 그리던
순수한 내 사랑을
그곳에서 찾아냈던 그날

순간마다 연인으로
느껴지던 황홀함은
시도 때도 없이 자꾸만
사랑하고 싶어지는 사람

색이 바래어 가도
욕심 채우지 않고
당신의 만남을 가슴에 담아
언제까지나 두고두고
을숙도에서처럼 사랑하렵니다.

을숙도의 철쭉

을숙도의 봄꽃들이
종착지를 찾고 있다

봄 내음 몰고 온
제비꽃
까치꽃
민들레 꽃

지금은 철쭉까지
달려와서
숨이 차다

철쭉이 지고 있다

가지런한 가로변에
봄 밀어내고 있는
을숙도의 철쭉들.

을숙도의 저녁

낙동강이 달려와
바다와 살 섞어서
잉태해준 을숙도

갈대숲 일렁이면
은빛 물고기로 수를 놓고
노을을 덮는 철새들 낙원이다

하늘
땅
물이 어울리는 곳

천혜의 자랑
을숙도를 지키라고
노을을 널어놓고
지는 해 찬란하다.

을숙도의 밤거리

보슬비 내리는 강변의 밤거리
그 사람 손잡으면 몸도 마음도
자꾸만 을숙도를 함께 찾는다

빗방울 맞지 않는다는 다짐은
시간이 흐르면 바지 자락 젖어
두 마음까지도 따라 젖는다

잡은 손 어깨에 걸리면
힘 실리어 발걸음 소리 들지 못하고
이슬비에 조여지는 그녀의 숨소리
들키어도 발걸음은 가볍다

저 멀리 뻗어가는 차들의 불빛들이
명지대교 네온 불과 만나는 환상의 꽃불들
밤마실 나온 하단의 불 그림자들이
당신과 나를 엮어주는 을숙도의 밤.

낙동강

강물이 잡아당기는
연실 같은 보슬비
희끗한 안갯속에서
송알송알 내리고 있다

철따라 세월이 오면
가슴속에 쌓인 한을
차곡차곡 삼키면서
밀어내리는 낙동강 물

지난날 멀었던 물길에서
소식 전해주던 나루터들이
임 실어 배 띄우던 추억들을
모셔 놓은 곳 허무하구나

안개 낀 을숙도 다리
난간에 걸리는 불빛은
나그네의 지난날 추억들을
밤새도록 태우고 있는데

강 하구에 내리는 보슬비에
사공은 가고 나룻배가 없어도
도도한 장강으로 흘러온 낙동강이여.

낙동강 삼각주

낙동강 삼각주에 들어서면
한없이 황홀해지는 가슴속
강과 산이 함께 살았던 세월들

지금은 사람들이 몰려와
강이 산과 들을 대리고
지난 세상을 노래하고 있다

영원하리라던 평화의 경관에
어쩌자고 비행장을 건설하더니
이제는 이사를 가야 한다 못 간다
세상 사람들이 그리들 들썩거린다

어찌해서 이렇게 앞일을 모르는지
오백 년 도읍지는 어떻게 정하였고
천년의 반월성은 누가 만들었을까

삼각주야 말해 보아라
강과 산이 인간과 어우러져
천만년 살아갈 이 땅이니
가덕도 동편에 지저야 할
세계 제일의 신공항아니냐.

을숙도의 군무

환상적인 에어쇼가
하늘을 덮어버리는데
야행성 철새 떼가 해 질 무렵
하늘에서 현란하면서도
멋진 군무를 펼치기 때문이다

가을이 끝난 갈대밭에
고구려 백만 대군이
몰려오는 함성은
시간을 멈춰버리고
심장도 펌프질을 멎어버린다

쌩쌩 쌩 쉬이익 쉬이 익
휘두르는 나래 짓 소리에
악단의 연주 같은 감동보다 더
엄청난 회오리로 몰고 온다

점점 저물어가는 어둠 속에
모든 것을 집어 삼켜버리는 순간
하늘을 나는 흑룡이 되고
공항 활주로만 한 검은 고래로
순식간에 손을 잡고 바뀌는데

혼자서는 작아 보이지만
거대한 형상으로 날아오르는 웅장함은
어마어마한 철새들의 무리들로
장관을 펼쳐 보이는 을숙도의 군무여.

을숙도 소식

언제부터 을숙도에는
쳐다보는 하구언이 있소

막았다 가두었다
성가시면 내 보내버리는
수문이 그리도 많소

그리고 이따금씩
몰려온 파도가 문 열라고
밤낮으로 성질을 부리고 있소

이럴 때는 열어라
어떨 때는 닫아라
누가 누구를
성가시게 하는지 알 수가 없소

비행장이 이사를 간다는데
수산으로 간다고도 하고
가덕도로 간다고들 하는데
기왕이면 가덕도 바닷가가 좋겠소

세상이 시끄러울 때는 하늘을 보면
뭉게구름 못 본 채 흘러가고
갈대들은 초록으로 덧칠을 하였소

나는 오늘 갈대와 놀고 있고
시를 짓는 시인이오
시간이 흘러가다 멈춰버린 곳
을숙도에 혼자 있는 날이니
모두 다 그리들 아시오.

을숙도의 별

초여름 밤
깜빡이는 개똥벌레들

하늘을 날다가
갈댓잎에 웅크려서
옛날이야기를 해댄다

밤하늘에 수를 놓고
별을 헤는
저들만의 잔치에

암수가 등에 업혀
밤마다 발광하는
개똥벌레는

푸른 갈대 속에 달려있는
을숙도의 작은 별들.

제 2 부

유월의 밤

가을을 보낸다

산천이 풍요롭고
광야도 풍성했던 가을
모퉁이 돌담길에
피워대던 코스모스들

지금 어디로 비켜갔는지
헐렁한 산천은 외롭고
풍성했던 광야는
공허함만 남았다

달리는 KTX 열차는
남으로 남쪽으로
가을을 실어 보내버리고
이제는 쓸쓸히 날마다 달리는데

옆자리의 중후한 여인은
가을 옷을 벗고서
시선을 끌어 들이대는데
당신도 가을을 그리 보내는지요.

강천산

골골에 숨어있는 비경을
산해진미의 수라상처럼
산을 오르는 등산객들에게
다 내어주는 아름다운 산

섬진강을 건너서
전라도로 넘어가면
생전에 한 번은 들러야 한다는
전라도 순창의 강천산

등산객들에게 소문이 덜 나
손때가 덜 타고 있는데
아는 사람들은 너를
작은 금강산이라 하더라

섬진강과 영산강 빗줄기가
정상에서 이별을 하는 산
바다에서 상봉할 약속을 하는 걸 보면
자꾸만 마음 애틋한 심정이다

기암절벽에 병풍을 치고
힘찬 물줄기로 계곡을 내달리면
여기저기 수려함이 절정에 이르러
등산객들의 넋을 빼내는 강천산.

해운대 밤바다

여름이 짙어지면
파란 마음이 일렁거려
그 사람과 손잡고 나서고 싶다

그리움이 항상 담겨있어
언뜻 나서고 싶어지는데
가슴에서는 이미 준비를 끝냈나 보다

에메랄드빛으로 물들여진 바다는
간지러운 실바람이 겨드랑이를
살살살 부벼대며 지나가는데

온화한 밤 기후는 그 사람을 닮아서
지난날도 그랬고 지금도 그러는데
해운대 밤바다는 그래서 사람을 불러낸다

아름다운 자연은 동백섬을 심었고
동백을 보려고 하얀 파도는
백사장을 밀고와 우리에게 보여주는데

독특한 해운대의 휴양지여서
넉넉한 바다의 향유를 즐겨 보려고
여름밤 발걸음이 가볍다.

만덕 산수유꽃

해마다 봄이 오면
백양산 돌무지 옆에서
노란 원피스를 터트리던 너

올해는 어인 일로
만덕의 가로변에 일찍 내려와
작년의 그 모습 그대로
눈을 휘둥그리며 서 있는지

잎 순에서 꽃술까지
널부러진 너의 자태를 보니
하산을 할 때 작심했었나 보구나

지난해 봄날 백양산 돌무지에서
너를 안으며 예쁘다고 말해 줄 때
그걸 연정으로 알고 있었나 보는데

이 밝은 대낮에 어쩌자고
아파트 가로변에 목을 내밀고 있느냐
대책 없는 백양산 산수유 화야.

어쩌다가

역도선수 같은 여인에게
한바탕 덤벼보고 싶었고
소녀시대처럼 다리 긴 처녀와도
왕창 뒤엉켜보고 싶었지만
주접을 알아버린 나이에
어쩌다가 들어서고 말았습니다

지나가다 보았어도 한 번쯤
못 본 체해 줬으면 하던 시절들이
계절마다 꼭꼭 들렀다 가고 나니
청춘이 거덜 나고 말았습니다

엄배덤배 쓰잘머리 없는 머리 굴리다
세월만 보내니 젊음을 놓쳐버리고
나이만 점점 길게 늘어져 버려서
내 제주에 내가 넘어가버린 줄을
이제 알고 보니 대책이 서지 않네요

지금 생각해보면 내 젊음의 봄은
모두가 다 허탕인가 본데요
그래도 자꾸만 그때 그 다리 길던
그녀의 생각이 울컥울컥 솟아납니다.

인동초꽃

가을을 지나면 누구를 기다리는지
찬 겨울 혼자 목숨을 부지하려고
푸른 잎 남겨 살아 있음을 알리는가

춘삼월 겨드랑이에 숨겨둔 어린 것들
흔들리면 부대끼고 부대끼면 흔들리는
인동초*의 푸른 잎사귀를 보면은
세상을 서로가 반기는 봄을 알겠다

지난날의 그 임은 떠나가고
누가 오르나 더 높이 오르느냐
임 보러 담장을 오르는데
오월의 푸른 세상을 즐긴다

바빠도 꽃봉오리는 피어야 하는 것
아이보리색으로 꽃단장을 하려는데
임이 있음은 연노랑으로 표를 하고
임 없는 처녀는 흰색으로 구별해 놓은 꽃.

*인동초: 겨울을 나는 넝쿨성 식물

자목련

칠월에 피는 자목련 꽃
무슨 사연 있었던 것일까
백목련 피는 삼월을 비켜온 걸 보면

청록 만덕 실버* 가로변에 있으면서
감나무와 사철나무 중간에서
이파리로 얼굴 가리며 피어있는 너

지난 춘삼월 백목련 피워낼 때
어디를 다녀오다 꾸물대다 늦었는지
어여쁘게 단장하다 이제야 피었는지

백목련 피면은 좋아했는데
푸른 이파리 속에서 얼굴만 내밀어
자색으로 단장한 너는 참으로 곱구나

이파리 속에서 피는 수줍음이라면
태양에 그을릴까 봐 그러는 것이라면
숨은 듯이 고개 내밀어 반겨주어
설레게 하는 너는 알고 보니 그 사람 닮았구나.

*부산 북구 만덕동에 있는 사회복지원.

봄 감기

사월에 봄이 찾아와 들리면
먼 산에 아지랑이 나불대고
언덕에 봄바람 불 줄 알았다

그 사람과 손잡고 꽃눈이 흩날리는
거리를 걸으면서 봄노래 부르려 했는데
기다리던 사월의 봄이 왜 이리 더디어
날마다 사흘 거리 비바람 불어 애를 먹이는지

어느 날이던가 후줄근히 비 맞아
가슴을 파고든 감기란 녀석이
어제도 오늘도 한 달을 괴롭히고 있다

가고 싶은 산에도 못 가보고
옆에 있는 사람에게 가까이 못 해서
올봄은 그냥 형편이 거덜 나고 말았다

힘도 알 수 없고 형체도 없어서
보잘것없는 녀석인 줄 알았는데
이처럼 괴로움 당해보고 나서야
그 녀석의 고약한 성질머리를 알아차렸다

그래도 한 번쯤 확인하고 싶어서
진료실에 들러서 달래어 보았고
주사실에 가둬놓고 혼쭐도 내 봤지만

보통 놈이 아니란 걸 알고 편의점에 들러
하얀 과자봉지와 갈색 음료수를 집에 들고 와
아침 점심 저녁때마다 그 녀석 달래고 있다.

통행금지

사이렌이 울리면
사람들은 뛰기 시작하고
여기저기 호루라기 요란하다

여관에선 대문을 열어놓고
뛰는 사람들을 반기는데
대문을 벌써 닫은 집도 있다

찾아간 여관은 방이 동나고
다른 곳을 찾으러 가려 해도
시간 없어 발만 동동 구른다

사직공원에서 조금만 일찍 내려왔어도
무등산 서석대를 쳐다보지 않았어도
형광등에 걸린 벚꽃 한 그루 덜 보고 올 것을

빈방은 없다는데 옮겨갈 시간은 없고
오 분 전 사이렌이 다시 울려 퍼지는데
오른손에 잡힌 그녀의 손은 따시기만* 하다.

*따시기만: '따뜻하다'의 방언(강원, 경상).

남대산에서

늦가을 붉으스레 단장을 한
남대산*의 봉우리에 어느덧
흰 눈꽃들이 만발을 하고 있다

첫눈 내린 날 봉우리에 오르니
참나무 자작나무 서어나무 주목들이
눈으로 서로가 꽃단장을 해 대고 있다

죽었다던 고사목도 하얀 미라가 되어
천년을 그렇게 살고 있는데
멀리 서있는 태백산 봉우리도
눈으로 덧칠을 하고 바라보고 있다

첩첩산중 눈이 첩첩인데
붉으족족 하얀 눈들이 보호하는
단풍잎들은 숨어들어 잠들었는지
나올 줄 모르고 얼굴만
눈구멍으로 내보이는 남대산 풍경.

* 남대산: 오대산의 남쪽 봉우리

반구대 고래 양식장

울산 반구대 고래 양식장
오천여 년 전에 만들었다는데
60여 개의 개체가 살고 있다

여러 종의 동물들이 살지만
오분의 일이 고래들인데
흑등고래가 제일 힘센 녀석들이다

목 부위에 다섯 개의 주름을 두른
범고래가 긴 등지느러미로 얼룩무늬를 만들고
세상을 활보해도 천하에 적이 없는데

지금은 볼 수 없는 지난날 이야기
북방 긴 수염고래와 귀신고래는 떠내려 갔는지
눈을 씻어도 울산 앞바다에 보이질 않는다

그걸 알아차린 울산시에서
둑을 쌓아 댐을 만들어 가두어 놓고
8개월은 놀게 하다가 가을에 건져 올려
4개월 동안 바위벽에 걸어 다시 말린다

진귀한 보전 방법을 창안한 단체가
대한민국 문화재청인가
울산시청 인가 그것이 알고 싶다.

받고 싶은 선물

초저녁 시간을 빌려서
좋아하는 TV에게 다가서는데
저는 나를 얼마나 알고 있는지

이곳저곳을 구경시켜준다며
겨울인데도 나를 데리고 사방천지로
하물며 해수욕장까지 밀고 다닌다

먹을거리 쌓인 곳은 얼마나 많은지
온 시장에는 시도 때도 없는 과일들
눈앞에서 모두가 잘들 놀리고 있다

보이는 것은 오직 그뿐이랴
허전한 가슴 가라앉혀 준다고
불러낸 아가씨에게 노래도 시키는데
TV가 그래서 고맙기만 하는데도

그래도 자꾸만 받고 싶은 선물은
그 사람이 지난날 안아주었던
불덩이 같던 그 앞가슴인가 보다.

만덕사 당간지주

행여 알고 계시나요
나의 짝을 찾고 있습니다
인걸이 수없이 바뀌어도
국호가 변해도 올 줄 모르는 당신을

만주 벌판 독립운동하러 가셨는지요
남양군도 징용으로 끌려가셨는지요
짝을 이루다 떠난 당신 때문에
천년을 홀로 이처럼 기다립니다

이산가족 찾을 때에도
금강산 면회 있을 적에도
부산 북구 신문에 올라있어도
돌아올 줄 모르는 만덕사 당간지주*

가버린 당신이 어디에 계시기에
무한정 기다리다 지쳐만 가는데 이제는
올 수 없는 당신이라면 내가 찾아 나서리다.

*당간지주: 부산 북구 만덕사에 혼자 있는 당간지주

그 사람을 찾았습니다

그 사람을 찾아냈습니다
멀리 와버린 지금에야
지난 추억들을 찾아냈습니다

지금은 멀리서 피어 있지만
어찌하든 그 사람을 찾았으니
얼마나 소중한 그리움인가요

강산이 변해도 몇 번이던데
이제라도 찾아놓은 이 감격들을
어떻게 방실방실 가슴 치며 웃을까요

진정으로 세월이 고맙습니다
그리움을 사랑하니 이리 좋습니다
하느님께 부처님께 감사드립니다

어릴 때 소꿉놀이하던 우리 사이
사월의 어느 날 등나무 아래로
살며시 찾아와 빙그레 웃던 소녀
세상을 곱게 살아왔다니 고마웁네요

그리움으로 애태우던 지난날들을
비단처럼 아름다움으로 밝혀내 이제는
맑은 얼굴 웃으며 청산처럼 살아요.

양파를 보다가

베란다에 담긴 양파를 보다가
어릴 적 어머니가 다마내기라고
말을 하시던 생각이 떠오른다

잘되면 담아내기가 되고
못되면 망한내기가 된다고 하시던
아버지 말씀도 들려오는 것 같다

양파는 벗겨도 양파만 나온다는
어느 분의 이야기를 떠올리다가
엉뚱하게 한 여인을 생각해 낸다

좋아하는 사람의 속마음을
양파처럼 벗겨 볼 수 있을까
그 여인의 가슴에는 벗겨도 벗겨도
양파처럼 사랑만 나오는 것일까

자꾸만 그것이 알고 싶다

겹겹이 쌓인 그 사람의 마음과
그리고 한 번쯤 그 여인의 사랑도
양파처럼 몰래몰래 벗겨보고 싶다.

동창생

보고 싶어 그리는 동창생
박박 머리 검정 모자 눌러쓰고
개구멍을 좋아하던 동무들

흰 저고리 검정치마 단발머리
검정 고무신 신고 뛰놀던
여자 동창들도 보고 싶다

지금은 할머니 할아버지 되어
어른 노릇하고 있겠지만
그때는 구슬치기 고무줄넘기로 놀았다

벚 열매 따먹다 선생님께 들킨 녀석
변소 퍼서 학교 텃밭에 거름 주고
수업시간 떠들다가 걸상 들고 벌 받았지

사진회비 팔십 원을 내지 못해
집으로 돌려보내던 선생님께
늙으면 보자며 벼르던 그 동무

지난날 한 세상을 누리다가
지금은 뒷방으로 밀려가려는데
못 보는 그 얼굴이 그리워 보고 싶다

그날 졸업식장에서 헤어진 그 동무
언제쯤 우리 만날 수 있으려는지
문평 초등학교 제25회 동창생을.

유월의 밤

유월이면 피는 밤꽃
물큰한 향 때문에 슬쩍 찾아와
본시 그러는 것이라 능청을 떠본다

오늘 밤 난리로
만리장성을
당장 쌓아 보자는 말인가

청명한 초여름 밤
별이 지는 유월의 새벽은 밝아오는데
밤에 지고 이슬에 젖어 비려진 몸

지난밤 순간으로 뒹굴어
젖은 밤꽃은
먼 산을 보면서
혼자 짓는다
허전한 쓴웃음을.

제 3 부

월력을 보다가

봄 꽃

무던히도 끈질기게 늘어지던 추위가
올봄에는 산행 길을 힘들게 하지만
시절의 흐름을 어찌 감당할 수 있으랴

겨우내 잎 떨구고 서있던 나무들이
오는 봄에 하나 둘 새순이 돋아나고
멀리 가지 않아도 구경할 수 있는 봄꽃들

군락으로 장관을 연출하는 것은 아니지만
듬성듬성 한 그루씩 서있는 연분홍 진달래꽃이
되레 아름다운 운치를 더 해주고 있다

연분홍 꽃잎 따라 벚나무들도
꽃을 피워 산꾼들의 발목을 잡아당기는데
그보다 더한 것은 몸을 낮춘 풀꽃들이다

쌓인 낙엽을 밀고 올라온 풀꽃들은
항상 찾아보면 지형에 따라서 어렵사리
각색의 꽃 피는 모습 볼 수 있는 것이다

이참을 놓치면 다시 기다려야 하는 일 년
나뭇잎 사이로 고개 올리고 지가 내려다보는데
아기자기해서 자주 보았으면 하던 봄꽃들.

철 쭉

산이 철쭉으로 불바다가 되니
정들었던 봄의 마지막 열정인가
남겨두었던 애끓는 몸부림인가

철쭉은 오월의 사랑이다
이글거리는 꽃 바다를 보면
절정을 태우는 마지막 붉은 혼으로
놓칠 수 없는 그리움이 타는 꽃

봄의 끝자락에서 가슴을 비워내어
황홀한 풍광을 다시 가슴에 품어본다

이럴 땐 청춘의 이름으로 산속에 들면
어렴풋이 기다리는 철쭉의 지친 몸
지난날의 용맹이 흐느적거리면서도
철쭉은 훨훨 온 산에 불태우는 봄날.

한려수도

아름다운 한려수도는
가는 곳마다 비경이 널려있어
드려다 보면 가슴 설렌다

천혜의 풍광이 섬들인데
동양의 나폴리로 불리는 통영은
둘째가라면 그래서 아니 되는 곳

파란 하늘이 널려진 쪽빛 바다에
점점이 초록을 뿌려놓은 섬 섬 섬
풍광을 어찌 말로 다 설명을 하랴

햇살이 내려앉은 섬엔
한려수도의 명성이 사실인지라
저녁노을이 시시각각 질 때면
하늘과 바다의 풍광은 달라져도
그려내고 있는 색 그림의 얼굴.

있어주어 고맙습니다

당신을 사랑하는 한 해가
봄을 또 맞았습니다
지난날들을 추억으로 되돌리면서
긴긴 세월 당신을 위해
가슴 뛰며 여기까지 왔습니다

이리하면 고맙습니까?
그리하면 사랑입니까?

언제나 곁에 있어 좋았어도
손길이 오고 갈 땐 부끄럽지만
올해도 내년에도 당신에게
내 마음 쏟아부을 작정입니다

메아리 같은 사랑인 줄 알지만
멈추지 않고 가는 세월에
자꾸만 그리해야 할 당신이기에
봄 따라 계절 따라 그렇게 이렇게요

뜨거운 심장 멈추지 않고
십 년이든 백 년이 지나가든
생명이 붙어있는 그날까지는
당신을 사랑하고 있을 내입니다.

선물보다 좋은 것

멀리서도
가까이서도
챙겨주는 고마움은
한 아름 정성을 담아온
그런 선물입니다

아름다움과 행복
사랑과 축복들

그러나 더 많이
가슴에 새겨준
당신의 숨결들

사랑해주는 그 사람
잊을 수 있으랴
천년도 더 많이
사랑해 줄 그 사람을.

당신의 가슴

행복한 인생을
백 년쯤 보장해 줄
당신은 영원한 반려자

언제나 우리를 위해
필요한 것은
건강과 행복이
함께해야 할 우리의 동반자

그것이 바로 당신이기에
믿을 수 있는 그 마음을
내가 다 지켜 줄 것입니다

행복의 보금자리를
만들어 둘 수 있는 곳
바로 그곳은 살아 숨 쉬는
따뜻한 당신의 가슴입니다.

이팝나무꽃

삼성아파트 7동* 돌아가는 길
항상 볼 때마다 고개 내밀어
바라보는 허리 굽은 이팝*나무

봄 오는 날 새순으로 신록을 만들고
사월이면 하얀 면사포를 둘러쓰고
우리에게 살랑살랑 인사를 해댄다

어릴 적 같이 자란 정자나무가
햇빛을 자꾸만 가리면서
어깨로 머리를 눌러 대서
허리 굽어 목 돌릴 수 없는데

꽃 피면 안아 달라 머리를 숙이고
찾아가 손 내밀어 마음 전하려는데
모두가 무관심인데도 시인詩人만은
알아주어 가슴 뭉클거리고 있다

세월이 흘러도 굽은 자태는 곱기만 해서
올해도 쌀농사 풍년으로 지어보려고
온 힘 다해 이팝꽃 억수같이 쏟아내고 있다.

*부산 북구 만덕 2동에 있는 아파트
*잘 피면 풍년 든다는 흰 꽃.

뉴 스킨

너의 성과 이름을 보면 뉴 스킨*
아무래도 토종은 아닌 것 같고
태평양을 건너온 것 같은데

구만 리나 먼 이국땅에서
동방예의지국까지 온 걸 보면
큰맘 먹고 찾아온 까닭이 있을 법

그곳의 미녀들이 바쁘다고 하던데
이제는 이곳의 여인들을 몽땅
미녀로 만들려고 작정하고 왔느냐

지난날엔 미니스커트가 찾아오더니
지금은 너희들의 판치는 걸 보니
돌아가는 뉴 스킨 세상을 알겠다

시절이 가는 속도가 물레 살인데
이담에 무엇을 또 옮겨다 놓을지 모르지만
그러다 우간다* 얼굴도 퍼부어 놓을 것 같다.

*뉴 스킨: 화장품 제조회사

*우간다: 나라이름

일 출

누군들 가슴에 태양을 품지 않으랴
그 태양을 놓치지 않으려고 사람들은
눈으로 다시 확인하고 싶어서
일출과 일몰을 찾아 나선다

시린 가슴에 첫 일출의 아름다움을
펼쳐내는 해운대의 저 수평선에
설레는 마음속에 떠오르는 태양은
바다와 하늘을 황금으로 치장을 한다.

태양은 검은 물결을 시나브로
황금 바다로 바꾸고 있는 연금술사인데
그러다 마주하는 사람들조차 황금빛으로
얼굴을 물들여놓은 미다스의 손이 된다

해운대 백사장에서 바라보는 일출은
꽃과 그림이 붉은 시詩로 태어나서
나와 당신을 한 쌍의 시인詩人으로 묶는다.

어머니

오월 스무사흘 날은
내
생일입니다

절구통에 쌀 찧어
해마다 떡 만들어 주신
고마운 우리 어머니

지나간 그날들을
그냥은 잊을 수가 없어요

날 낳아 주시고
날 길러주신
우리 어머니

보고 싶어도
만날 수가 없네요.

월력을 보다가

오늘도 하늘은 비 올 줄 몰라서
불볕더위가 어찌나 괴롭히는지
거실에 걸린 월력을 쳐다본다

무심코 바라보던 거기에는
분명코 칠월인가 싶은데
그 칠 자가 옛날 같지가 않다

서있는 모양은 지금도 비슷한데
오른쪽 어깨는 어디로 날아가고
세로로 된 왼쪽 획이 길어져 있다

언제부터 저리 변해 있을까
바보처럼 생각을 해 보고 있지만
얼른 생각이 나지를 않는다

많은 사람이 성형수술을 해대니
저승에서 한국괸이 혼잡을 이룬다는데
이제는 문자들도 성형을 해 대고 있구나

그래서 7자의 한 쪽을 잘라내어 성형을 하니
구부러진 기역 자로 남아서 지팡이처럼 되는데
칠십을 넘어도 집지 말자는 것인가

어떻든 칠월은 한 해의 반환점
인생도 그래야 한다는 걸 알고 그러는지
월력에 7자를 지팡이로 장만해 놨구나.

성지곡 수녀

가슴을 쥐어짜는 폭염들이
어제도 그제도 줄줄이 이어지더니
오늘은 드디어 비가 시작이다

계사년 팔월은 잊을 수 없는 달
부산의 수은주가 날마다 겁도 없이
삼십육 도를 넘나들었으니 말이다

팔월도 세월엔 못 이기는지
구월에 밀리는 마지막 주 토요일 아침
대지를 적시는 단비를 뿌리고 있다

산이 좋아 산을 오르는 함박봉 넘어
부산의 보배인 성지곡수원지에는
장대비도 모르고 몰려드는 사람들

삼거리휴게소에서 오른쪽으로 도는데
우산을 각각 쓰고 나타나는 두 수녀
좌측통행으로 소곤소곤 속삭인다

장대비에 절반이 젖어버린 치마를
아는지 모르는지 마주 보는 두 얼굴
아침밥을 먹은 사람처럼 다정히 흐른다

한 걸음 옮기다 두 걸음에 보는 호수
자라나는 반달처럼 커져가는 눈동자들
비 맞은 수녀의 저 가슴은 몇 도쯤일까.

축복의 로키

축복에는 봄이 제일이라는데
영하 50도를 오르내리는 동토
험준한 캐나다의 로키산맥에서다

유월에야 봄을 볼 수 있는 곳
그나마 짧아 순간에 가버리는 봄
그래서 새로운 계절이 따라오는 곳이다

로키의 숲들은 침엽수라서
계절에 따른 색의 변화가 크지 않고
비슷해서 잘 갈아입지 않는다

그래도 오는 봄이어서
산등성이 숲 가의 초원이 연하는 것은
연록의 새잎으로 채택된 덕이리라

정상을 오르는 전망대의 보 벨리
장대한 산등성이의 마루금은
북미의 그레이트 디바이드다Great Divide

그곳에 내려앉은 빗방울이 반으로 갈라지면
하나는 대서양으로 갈 길을 찾아 나서고
다른 하나는 넓은 태평양을 만들고 있다

이 곡점曲點이 서쪽의 앨버타 주요
동쪽의 브리시티 컬럼비아 주인데
펼쳐낸 광대한 계곡 이곳에 왔노라.

성지곡 소나무

성지곡 호수 길을 돌아서 가면
등 굽은 소나무가 말없이 서있는데
굴참나무가 손 내밀어 장난을 처대면
이때다 싶어 호수에 손을 얼른 담는다

얼마나 살아왔을까 등 굽은 소나무
가슴이 부전시장 다라이통만큼 크니
아무래도 백 년은 더 살았을 거고
철갑을 두른 걸 보니 천년도 살 것 같다.

백 년이던 천년이던
한 곳에 자리 잡고 서있는 너는
조선시대 왜정시대를 지나
대한민국에서 영화를 누린다

흰 저고리 검정치마 걸치던 그때
보내버린 시절도 변해버려
등신복 치림으로 짝을 맞추고
걸음걸음 가는 모습 좋아서인지
성지곡 호수도 가슴 흔들어대는데

얼굴에서 내려오는 젊은 미소에
다리 긴 아가씨 몸짱을 보려
오늘도 내일도 그러다 천년도 갈 것 같다.

선물을 받고서

인사동에서 받아든 선물
매끈한 몸매가 기분 좋았고
우윳빛 옥도장이 그래서 예뻤다

허구한 날 들여다보다가
그 여인이 보여주던 빨간 입술처럼
인주로 치장을 하여서 예쁜가 보다

그녀의 정성이 새록새록 담긴 마음
함부로 내놓고 쓰지 말자하다가
지금은 이미 낙관으로 사용을 한다

어찌하여 그 여인은 하필이면
나에게 하고많은 품류 중에서
옥도장을 선물로 점지하였을까

한쪽엔 호虎 자를 한쪽에는 목어木魚를
머리에는 복福 자를 덮어쓰고 있는 모습
곰곰이 생각을 해봤어도 알 수 없는데

이제야 그 여인의 심중을 알아차리니
둘이서 H y* 신고서에 눌러 찍었더라면
지금쯤 그 여인은 내 옆에 와 있을까

그러나 어쩌랴 지나버린 세월인데
어찌할 수 없는 지금 궁상에 잠긴다.

*H y: 혼인신고

그 사람 오는 날

산에도 마당에도 밤새 내린 눈
그 사람 오는 날 첫눈이 내리는데
당신이 즈려밟아 오라는 것이다

십이월 하순의 첫날 아침
지난밤 가슴이 그렇게 설레더니
내 마음 알고 흰 눈이 왔을까

궂은비 내리면 옛 임이 생각나고
첫눈이 오면 사랑하는 사람 만난다는데
기분 좋은 이 마음 당신은 모를 거야

귀국하는 항공기로 오는 당신
여기는 첫눈이 하얗게 내렸어요
당신을 위해 하얗게 하얗게요

눈 내리면 입으로 받아 삼키고
흰 눈이 쌓이면 발지국 남기면서
하나 둘 발걸음 옮기며 그 사람 오는 날에.

제 4 부

알고 있었다

고마운 사람

지난날 둘이 만나
가슴으로 챙겨주던 고마움은
그 사람이 당신인데요

어떨 땐 잊으며 살았고
아무렇지도 않은 듯이
무심하게 지내기도 했습니다

어느덧 나이가 장년을 넘어서자
가버린 시절이 자꾸만 돌아와
눈앞에 지난 모습 데려다 놓네요

수많은 날들을 함께한 세월이
밤하늘에 별처럼 헤어 가고 있음은
그 마음이 지금은 고마워지는데요

그런 당신을 이제 알고 나니
봄 오는 남도의 밤 언덕 위에서
발맞추던 그 길을 혼자 걸어봅니다.

금정산 구름

형형색색 부러운 흰 구름
슬며시 금정산으로 내려와
경사 초롱 단풍을 더듬는다

올망졸망 물방울의 구름들이
지금은 발바닥까지 내려와
발길에 밟힐까 봐 안쓰럽다

주황 노랑 빨강의 활엽수들이
절정을 이루는 가을의 산골
시샘은 아닌 듯이 이곳저곳
나뭇잎 사이를 구름이 챙기고 있다

서늘한 아침 바람 함께 찾아와
어울리듯 하늘하늘 흐르는 구름
산천을 즐기는 법을 아는가 보다

아름다움을 볼 줄 아는 가을 구름
노랑 주홍 빨강으로 물들인 풍광을
바라보다 흠뻑 젖은 황홀함에
넋을 잃은 구름들이 모여서 논다.

계사년

한숨을 자고 나니
하루가 가버리고
하루 자고 나니 임진년이 가버리네

유정한 흑룡의 해
너와 연이 맞아
좋은 일 줄줄이 챙겨주더니
매정하게 그리 가버리느냐

그럴 줄 알았다면
선거에 당선될 때 술 한 잔 걸치면서
시집이라도 한 권 건네줄 걸

너를 보내고 나니 가슴 허전한데
지난해처럼 잘 해보자고
계사년이 찾아와 앙살을 부린다.

얻고 싶은 선물

여태까지 작은 연필에서부터
크게는 오백팔십칠 평이 넘는
집 지을 대지까지 받았던 선물들

그중에 어떤 선물이 참으로
가슴에 울림을 주었냐고 묻는다면
얼른 말을 할 수 없을 것 같은데

줄 때는 손이 흔들흔들 흐뭇하다가
받을 때는 즐거움이 춤을 추어
가슴을 진동시키어 파도를 몰고 온다

어느덧 이제는 나이가 늘어져서
주는 것보다 받는 기회가 많아지지만
다시 또 받고 싶은 선물이 있다면

활짝 핀 안개꽃으로 둘러싸인
빨갛게 피어난 장미꽃도 아니고
가만히 쥐여주는 두툼한 봉투도 아닌
귓속을 간질이는 그 여인의 속삭임이라.

알고 있었다

당신을 보는 순간 열리는 가슴속
텅 비워지는데 어떻게 매워야 할 것인가
생각을 해봐도 대책이 서지를 않는다

인생이 살아가는 동안
찾아온다는 몇 번의 기회
황홀한 순간이 그때이었나 보다.

청아한 마음으로 산다는 것이
아름다운 것만이 아니라던데
집을 설계하다 보면 소중한 물품을
어디에 비치해야 한다는 생각이 들듯이
당신을 보고 난 후 그 자리를 알 수 있었다

그래서 진즉 알고 있었다
내 가슴에 안겨야 할 당신이 아니라
당신 품에 안겨져야 할 나였음을.

만덕의 송전탑

사십육 년을 바라보던 송전탑
어느 날 '송전탑아 잘 가거라'
P*의원의 연민 어린 외침이 있었다

날이 새면 항상 바라보았고
밤이 되면 아른거리던 송전탑
귀대* 받다 홀대받던 사십여 년의 여생

한때는 헐렁하던 한산한 마을에
해 지면 세상을 밝혀주려 애를 썼고
밤낮으로 잠 못 이루며 만덕을 지켰다

그러던 너를 언제부터인가
뿌리째 뽑아버릴 작정을 해대어
민 관 정이 합세하니 주인까지 덤볐다

달면 삼키고 쓰면 뱉는 일상의 교훈
사십여 년 만덕을 위해 몸부림쳤지만
초라한 신세로 법정 최고형을 받던 날

가는 길에 막걸리 한 잔 건너는 이 못 보는데
세상인심이 이러하니 뒤돌아보지 않겠지만
P*의원만이 잘 가라는 대접을 하는구나.

*귀대: 귀한 대접
*P의원: 박민식 국회의원

경주 골굴사

경주에서 토함산을 넘으면
감포 가는 길에 양북이 나오는데
여기가 골굴사 가는 길이다.

왼쪽으로 가라는 아낙의 말에
이견대로 가는 이정표를 바라보다
바다를 뒤로하고 골굴사로 들어선다

신라 때 원광 법사와 원효 대사가
화랑들에게 호국 무술을 가르치던 곳
몸과 마음이 지금도 뭉클거리는데

함월산 고운 자락에 자리 잡아
아름다운 풍광과 수도의 깊은 내력을
천년이 지난 지금까지 토해내고 있는 곳

성스런 인골처럼 새겨진 12개의 석굴들
숭숭숭 뚫려있어 골굴이란 이름 얻었고
불교의 전통무예 선무도의 본산이다

템플스테이를 제일 먼저 시작한 사찰
움직이는 물결의 선무도가 풍광에 어울려
몸과 마음의 안식을 얻을 수 있는 골굴사.

병실에서 기다린 사람

사월이 마지막 꼬리를 감추려는 일요일 저녁
병실로 쏜살같이 달려와 바람처럼 사라진 사람
이리해도 아무렇지 않은 것이 당연한 건지

오늘 오나 이제 오나 발걸음 소리 들릴 때마다
웃는 얼굴 가슴에 그려 보고 있었었는데
왔다가 바람에 실려 가는 구름처럼 가버린 너

어쩌다 둘이 찾아와 언짢아했던 마음은
혼자였음 좋았을 거라고 다시 시무룩해진다

어이해서 내 가슴에 너를 품었는지 모르겠지만
들어버린 병인 줄을 이제야 알고 있는데도
그래도 이 병이 싫지 않아서 좋기만 하다

연아 너를 보면 한없이 즐거워 가슴이 뛰고
멀어지는 뒷모습을 보면 가슴이 조여져 오는데도
너 때문에 살고 너 때문에 죽을 수도 있겠구나.

벌침을 맞고

미녀들이 모인 성지곡 휴게소에서
벌침을 맞아 재수 좋은 사람

서로가 좋으면 스킨십도 하고
마음이 통하면 키스도 해대는데
목덜미에 벌침을 꽂아본 행운은 오죽하랴

벌도 수줍음을 아는 것을 보니
어쩌면 암벌 같은 생각이 드는데
그래서 목뒤에다 한방을 터트렸나 보다

그 많은 사람들 그중에도 하필이면
노랑 잠바 아저씨를 간택한 것은 벌이 아니라
밤이 새도록 안주인이 철저하게 교육을 시킨 것

고운 마음 안주인님이여 이담에 다시 또
노랑 잠바 입고 오거들랑 뒤의 목덜미는 말고
거시기에다 이십만 원짜리 한 방 쾅 하라 하소.

저수지 둘레 길

궂은비 내리는 바시리* 가을날
삼밭골 볏단들은 서로서로
고개 숙이고도 멍사* 모르는데

노랫골의 가을은 의지하려고
서로의 어깨를 어루만지는데
비 젖은 각시봉은 내려다보고 있다

도장굴 돌아가는 동백 나뭇길
대도리 저수지의 산허리에는
젖어있는 오솔길 외로움 흐르고
도장굴 은행나무도 마중 나와
칼등산과 함께 키를 겨루어본다

용사촌이 건너다보이는 길을
둘이서 걸어가던 그때 그 사람
그녀가 눈앞에서 설레어 가고
둘레 길엔 잡초만 무성한데
추억의 이 길을 지금은 혼자서 걷는다.

*바시리: 저자의 고향마을
*멍사: 모른다는 뜻

창포에 가니

창포*에 가니 황구 같더라
뒷산은 등지고 앞바다는 뚫려서
갈매기 소리에 산새 소리 죽는다

수평선에서 몰려온 파도들이
지칠 줄 모르고 잘도 달려와
바위섬 옆구리를 쥐어박는다

달려오는 저 수평선 너머
알 수 없는 세상이 있기에
파도는 내 사연 들어 달라며
날마다 몸부림을 치는가

창포 바다에 서있는 바위섬
오늘도 포말을 품은 파도에
마음 놓고 시련을 마다치 않는다

어쩌다 바다는 마음이 울컥해지면
밤낮으로 파도가 달려오는데
그걸 다 안아주고 있는 바위섬은
내 마음을 받아주는 그 여인 같다.

*창포: 경북 영덕의 해안마을

한 표

한 표란 왜소하고 작은 것
항상 보잘것없게 보여서
평상시는 중요하게 생각지 않는다

그러나 반장 선거가 있을 때나
국회의원 선거가 있을 때는
한 표는 위력을 날릴 때가 있다

새마을 금고에서 선거가 이뤄지던 날
수작업을 통한 마이크에서 흘러나오는
j y S 의 기호 1번 한 표들이 쏟아져 나온다

2번도 올라가고 3번도 올라가는데
담장에 청개구리들이 올라가듯
쉬웠다 가는 정正 자 표의 숫자들이 가슴 태운다

숨죽여 가슴 조이며 타고 있는 눈망울
오르다 오르다 더는 오를 수 없는지
기호 1번은 남보다 한 표차로 올라서서 멈췄다

작은 한 표는 숫자에 불과하지만
민주주의의 선거방식에서는 참으로 위대한 것
승리의 당선을 안겨주고 있어 태양과 같다.

구미시를 보면서

구미시를 지나다
엄청나게 커지는 걸 보면
무엇이 무엇을 잡아먹은 것 같다

그리 보니 그런 동네가 또 있다
부산과 동래도 그렇긴 하지만
마산이냐 창원이냐
창원이냐 마산이냐 들썩이는 창원시
차라리 마창진 이라면 어떨까

새간 갔다 돌아온 녀석도 있는데
삼천포가 그렇고
여천시도 그런데
목포와 무안과 신안이 모이자면
무안은 절대 아니라고 한단다

왜 그럴까
마산처럼 그리될까 그러는 걸까
선산처럼 그리될까 그러는 걸까

자식이 봉양해도 좋을 거고
부모가 껴안아도 좋을 텐데
왜 그럴까 왜 모를까 그 동네는.

청자 항아리

청자 항아리가 좋아서
찾아들어간 두 마리 학
천년이 지나도 나올 줄 모른다

지금은 많은 세월이 흘러
가정을 꾸려 금실 좋게 살아
식구가 열두 마리로 늘려서 산다

단아한 청자를 볼 때마다
편한 마음 자주 들어 아침저녁엔
볼 때마다 만져주고 싶어지는데

이십 세기 중년 고려청자 모임에서
너를 처음 보았을 때 사랑스러워
들었다 만졌다 가슴에 안았다 했었다

지금도 그때의 정은 변함없는데
세월이 자꾸만 흘러가고 있어
보는 생각이 새록새록 해진다

열두 마리 학들이 빚어준 머루술
한 잔 한 잔 가슴에 쌓이면 가슴이 붕붕 떠
너희와 더덩실 학춤을 추고 싶다.

지리산 돌멩이

바라보는 그 얼굴에
눈웃음 흘러내리면
점점 빨려드는 이 마음

갸름한 몸매는
눈도 귀도 가리면서
말을 건네고 미소를 보낸다

춥던 겨울 거실이 좋다고
여름 해수욕장에 온 것처럼
홀라당 벗은 너의 몸매를 보면
눈을 돌릴 수 없는 야릇함이다

사계절 지리산 골짝에서
동료들에게 가려져 있을 때
너를 찾아 등에 업고 집에 오니
춘하추동 없어진 걱정들이다

지리산 돌멩이야
앉은자리 그대로 있는 것은
원망이냐 고마움이냐
눈 서리 이슬비 맡던 그곳의 그리움이냐.

찾아낸 첫사랑

한없이 그리던 그리움이어서
꿈속 같던 사랑을 찾으려고
만 리도 더 먼 곳까지 찾고 있었는데
그처럼 보고 싶던 사람이기에
보고 싶음은 만 섬이라도 모자라
아예 감아버리고 싶던 눈이었다.

언젠가는 만날 것만 같아
이 세상 지구를 몇 만 번을 돌더라도
천 년이 가고 만 년이 가드래도
긴긴 세월 그렇게 찾아낼 사랑이었다

그러던 그 사랑을
수십 년이 지난 지금에야
가슴 앞에 앉혀놓고 바라보는 그 얼굴
귀엽던 그 소녀를 지워놓아
지금은 중년도 넘겨버린 의연한 얼굴
지나버린 세월이 참으로 미워라
저 가슴에서는 지금도 소녀의 심장이
뭉클멍쿨 뛰고 있을 것만 같은데
미안한 듯 초조한 듯 눈웃음만 보인다

외모를 보자고 당신을 찾은 건 아닌데
가슴에서는 지금도 당신에게 덤벼들고 있는데
이리된 건 모두가 내 탓이었고
이리된 건 대책 없던 내 용기였던 것을
그것도 모르고 소녀를 데려간 세월만 미웁다 한다
이제 우리는 하늘의 생명을 빌려다가
백 년이든 천년이든 한이 없는 그날에
두 가슴 닳을 때까지 긴긴 세월 사랑해 보자.

무냉기에서

무냉기에 함박눈 퍼붓는데
약속한 시간이 지났을 텐데도
오지 않는 여인을 기다리는 사람

희미하게 멀리 보이는 그녀의 집
항구처럼 저수지엔 불빛이 흐르는데
그녀가 나섰는지를 알리지 않는다

한 시간이 지났는데 발밑에 눈은 쌓이고
머리에 산타 아저씨가 되어 있어도
그녀는 얼굴을 보여주지 않는다

기다릴까 돌아설까 망설이다가
검정 롱 코트 속에 손가락만 용을 쓰고
저수지 건너 그녀의 집 불빛만 가물거린다

어떻게 이뤄진 약속이었는데
언제부터 공들여놓은 만남인데
춘삼월 가설극장 영화 보고 오다가
쌈정지 삿갓 주막에서 시작한 약속이었다.

제 5 부

소꿉동무

산속의 너와집

울릉도 성인봉의 중턱
너와집에 내려앉은 붉으족족한 늦가을
어쩌면 거울 앞에 선 어머님처럼
소박하고 고와서 마음 편한 곳

뒤란엔 쪼개놓은 장작더미들
가지런해 도란도란 잘 놀고
건너편엔 첫돌 배기 손바닥만 한 남새밭엔
무 배추 상추 고추들이 줄줄줄
있을 것들은 모두 다 있어 준다

집들은 크지를 않고 보통 두 칸인데
한 칸은 조상을 모시며 생활하는 공간이고
다른 칸은 가을을 맞아들인 새 곡식 모인 곳

들판보다 빨리 오는 저녁이면
하늘로 치솟는 굴뚝에 흰 연기 올리며
밥 짓는 여인의 손놀림이 바쁘기만 하다

울릉도엔 아직도 이런 곳이 있는데
가만히 생각해 보고 있으면
너와집의 시공은 천 년을 넘기네.

언제까지나

몇십 년이 지난다 해도
당신만 옆에 있어준다면
하루가 다르게 변하는
세상이 온다 하드래도
죽도록 당신을 사랑할 겁니다

언제나 어느 때나
지금처럼 이대로가 좋지만
세월이 갈수록 더욱더
당신을 사랑하고 있을 겁니다

우리가 주고 받는 사랑이
언제까지나 만족하더라도
거기에 멈추지 않고 사랑할 겁니다

당신이 바라는 사랑이
내가 사랑하는 방법과 다르다 해도
사랑은 절대로 변하지 않을 겁니다

시간이 길어질수록
사랑의 가지는 더해 가는데
진정한 사랑을 경험으로 쌓아가면서
죽도록 당신을 사랑할 겁니다

어느 여인

만약에 그녀가 오지를 않는다면
지금 나는 어찌하고 있으며
내 마음은 어디로 향하고 있을까

달마다 날마다 시간 내어 찾아와
미모와 재치로 분위기를 휘어잡고선
내 가슴에 기쁨을 심어주는 여인

그러다 바쁘면 중간중간 메시지 날려서
혼을 빼내 널어놓고선 피식 웃으며
나 없이 펴 담을 줄 아느냐고 묻는다

그녀는 항상 볼 때마다 그리하는데
그 순발력에 따라가지 못하는 한심한 사람

지나온 세월이 그처럼 흘러갔어도
앞에서 멈출 줄 모르는 그녀의 체취는
가슴에 설렘을 퍼부어 질식을 시키려 한다.

사 랑

봄밤을 거닐던 춘삼월에서
나리꽃 피는 초여름까지도
따뜻했던 그리움 못 잊어
별 내려다보는 저녁이면
아른아른 보고 싶은 당신아.

낮이 없는 사람

낮이 밤이고 밤이 밤인 사람
오직 종일 밤으로만 사는데
어제도 오늘도 그렇게 이어진다

밤하늘에 별을 볼 수 없고
반짝이는 개똥벌레도 볼 수 없이
수십 년을 그렇게 살아온 생애였다

6 · 25동란 때 작은형 등에 업혀
남쪽으로 피난 오는 날 마지막 보던 낮
까마귀 떼처럼 폭격기들만 생각난다

잃어버린 낮의 긴긴밤 보내려
할 일은 해야 산다는 일념으로
농사지으러 다니며 별일을 해 보지만

사랑하는 당신 얼굴 볼 수 없음이
천추의 한이 되어 울어보는데
거울도 볼 수 없음에 가슴만 친다

당신 손 못 잡는 날 나는 밤이고
당신 손잡고 있으면 그날이
대낮 같은 우리들의 아름다운 낮.

남자는 어쩌나

30대의 왕성한 여성들이여
낮에는 20여 개월 된 아들을 돌보고
밤에는 야간 로스쿨을 다니는데

그래도 가끔씩
집의 물건들을 치우지만
빨래나 요리는 절대로 하지 않습니다

아내가 알면 기절초풍하겠지만
두드러기 난 아들을 한 번씩
다라이통에 집어넣고 찬물도 부어요

이걸 어쩌나 화끈거리겠는데
터프가이인 애나 들어가라 하지

아내는 유명 로펌에 취직해서
매주 70여 시간 일하는데요
연봉이 10만 달러나 되는
그 여인의 남편은 이런 사람입니다.

눈 내린 아침

어젯밤 그토록 당신 생각은
참으로 어이 된 일이었는지
아침에 일어난 세상은 너무도 달랐다

앞에는 파란 바다 몰려오고
뒷산은 겹겹이 둘러쳐져 망을 봐줘서
시절을 이렇게 바꾸고 있었구나

인간이 사는 세상인지
신선이 노니는 천상인지
뉘에게 아무리 물으려 해도
지나는 이 없어 물을 수가 없구나.

시스루 패션

거리에 시스루 패션이 널려
후더운 계절인데도 마음이 시원해
발걸음이 제법 가벼워지는데

입는 이도 시원스럽고
보는 이도 즐거워지는 것은
모두가 젊은 마음 간직함이다

보일 듯 말 듯이 아니라
대놓고 노출하는 과감한 스타일
이제는 그런 여인들이 줄을 서 다니는데

지금은 이런 패션이
낯설지도 야하지도 않고
섹시하기까지 하다는 것
세상은 이처럼 변하고 있음이다

시스루 패션의 완성은 속옷
작정하고 입은 옷이 속을 비춰도
시대에 따라 예쁘게 보이는 것인데

튀고 싶다면 어깨의 각이 도톰하고
블랙 재킷에 섹시미를 드러내려면
단추 사이로 넘어다보는 안 옷 속의 살들.

거울은 친구

일어난 아침에 거울을 보면
본 듯한 얼굴을 보여주는데
날마다 그렇게 친절한 거울

동갑내기 친구들을 볼 때면
항상 거울이 나를 보여주듯이
내 얼굴을 내가 볼 때와 비슷했다

들여다보는 내 모습이
괜찮아 보이는 것 같은데도
갑장의 얼굴은 변해만 간다

그러다 저러다 나를 또 들여다보니
지나간 세월을 수북이 쌓아 놓은 것
넓어지는 이마를 이제야 알았다

거울은 참으로 정직해서
흘러간 세월을 일러주고 있으며
돌아서는 뒷모습도 알려주고 있다.

유월은

유월은 밤나무가 일을 내는데
산 중허리 우거진 숲에서
희뿌연 밤꽃을 보고 있으면
지난날이 들려와 가슴 쓰리다

들판에서는 보리들이 목이 잘리고
현충일이 들렀다 가면 6 · 25가 달려와
통곡을 해대어 짓눌린 가슴이 터지려는데
찾아온 장마까지 6월에 한술 더 보태고 있다

밤꽃은 즐거움보다 애처로움을 주어
보기만 하여도 꽃 생각을 마다하는데
널려진 상복喪服처럼 그리 보이나 보다

진달래 철쭉이 붉게 물들이던 산등성이에
뒤늦게 달려와 핀 밤꽃들이 웃음을 잃고
무더기로 널려진 무거움이 산허리에 가득하다

젊은 날 떠나버린 꽃다운 영이 동생
유월이 들릴 때마다 울컥울컥 가슴 열리는데
밤꽃이 상복으로 그래서 산에 널리나 보다.

제자를 보고서

장미꽃 핀 오월이라 가슴 설레고
오월은 항상 그러는 것이라지만
금년의 오월은 조금 다른 달이다

스승의 날이어서 선생님께
꽃바구니를 품고 찾아왔다면서
다치신 몸은 쾌유되시냐고 묻는다

보기만 하여도 달덩이 같은 얼굴인데
꽃다발까지 들고 지난날을 그리며
혼자서 병문안하러 찾아온 그 제자

선생님이라 하면 초중고를 연상하며
교수님 하면 대학과 대학원을 생각하는데
문단에서의 스승은 개념부터 다르다

어느 날 시詩 공부를 하고 싶다고
시인이 되고 싶다고 하던 그 사람
지금은 여류시인이 되어있는 사람이다

문학회에 신인 심사위원으로 있으면서
이제껏 시인들을 배출하고 있지만
이처럼 마음 붕 뜬 날은 처음 같다.

소꿉동무

지난날 소꿉동무
기다리던 소식이 찾아왔는데
잘 살고 있다니 반갑구나

철없이 어리던 그 시절
만나면 둘이서 소꿉장난하려면
엄마 되고 아빠 되던 날
철든 것처럼 둘이서 좋아했었지

갸름한 얼굴이 하얗던 너
만나면 까끔살이* 하자고
졸라대던 그때의 모습
어제인 양 두 눈에 펴 담긴다

얄미운 세월의 비껴감에
그리움이 끝없이 자라나
세상을 덮어버릴 것 같았는데
너는 너대로 잘 살아왔다니
나는 나대로 이렇게 살아왔구나

지난날 나의 소꿉동무야
사실은 너무 보고 싶어 했어도
함부로 너를 찾지 않았었지만
아무쪼록 잘 살았다니 고마우나
너를 향한 그리움은 용암으로 끓고 있었다.

*까끔살이: 소꿉놀이

정장은

Y셔츠를 입고 넥타이를 매고
정장을 걸치면 어디로 가야 하나

그런 정장을 사야 할 때가
평생에 몇 번이나 될까
곰곰이 생각을 해본다

대학 입학했다고 취직했다고
그리고 장가갈 때 또 한 벌
몸 불었다고 자식 결혼시킨다고
환갑이다 해서 또 또 그런다

그러나 그런 정장이 지금은
잘 팔리지 않는다는 걸 보면
불경기라서 그러는 것일까

백화점에서 잘 팔리는 것이
아동복 숙녀복이며
다음 차례가 신사복이라는데

변해버린 세상은 남편을
님 씨 군 놈으로 부른다는 어느 분의 말
부권의 권위가 바닥을 쳐서
세상이 이리되었나 싶다

남성들이여 불경기를 밀어내고
사랑의 가정에 오늘도 정열을 일으켜
죽순처럼 싱싱 솟아 정장을 입자.

아득한 날들

하늘을 보고 눈 감으며
죽도록 찾고 있었는데도
너는 그러는 줄 알기나 하였을까

일곱 살 귀염둥이 소녀와
초등학교 가기 전 소년은
친구 되어 날마다 놀았었지

임진년 오월 손 놓아버린 우리
달도 별도 흘러버린 세월에
애달픈 수십 년의 긴긴 허공들

보고 싶어 눈이 시렸었고
가슴에 쌓인 사랑의 멍울들을
자기는 아마도 몰랐을 거야

찾으려 해도 행여나 탈이 날까 봐
보고파 참았던 가슴 말라 가고 있어도
말 못 해 아린 가슴 거머쥐어야 했었다

긴긴 세월 지나서야 알아낸 너
세월에 곰삭인 가슴 털어 낸 날
일곱 살 소녀가 할머니라니

지금은 그 소녀가 아니어도
있어주어 감사했고 만나주어 반가운데
어디서 꺼내볼까 수많은 추억을.

환상의 피서지

자연의 무위無爲를
거스름 없는 지고의 덕으로 삼는다면
그 지혜가 환상의 피서일까

더위를 극복의 대상이라 말고
함께한다면 바로 그것이
만사형통의 소통이 되는 것

피서避暑라는 한자에 담겨진 뜻은
서暑 자를 들여다보면
태양(日) 아래서 사람이(者) 서있는 형상이라

아마도 더위를 피하려면
해를 가려야 한다는 것
그래서 나무와 숲이 으뜸이라

숲으로 우거진 나뭇길에
널려진 잎사귀들이 심연의 그림에
잠기는 마음이 강렬해질 때

깊숙한 원시림에서
피서의 정통한 진수를 찾아
청아한 감상으로 새소리를 들으면

햇빛 조각 하나 없는 숲 속은
세상을 초록으로 물들인 이끼들
소곤소곤 속삭이는 피서의 왕국이네.

개나리꽃

봄바람 불어대는 춘삼월
담장 길에 핀 개나리가
줄을 서서 꽃을 내어논다

개나리 피면 진달래도 핀다고
말해주던 그녀의 생각이
지금은 너무나 멀리 와버린 날들

세월은 물레살처럼 흘러가고 있어도
두 갈래 뒷머리 흔들어대던 그 모습
어젯밤 꿈처럼 선하기만 하다

개나리 피면 진달래 피듯이
봄 오면 애태워 그리워지는 너를
보고 싶어도 달려갈 수 없는데도

마음은 그날로 되돌리고 있지만
더듬거리는 발걸음만 동동동
그리움 솟아오르는 그날의 추억이여.

낙동강이 물어온다
제3회 낙동강 대축제에 부쳐

실개천으로 흐르던 낙동강
천리 길을 내려오다 몸이 불어서
남지에서 동쪽으로 고개 돌리는데

아니 이럴 수가 가면 안 되는 물금

정신을 차릴 수 없어 혼절을 하려다
고개 돌려 을숙도를 찾아 나서려는데
산수가 하도 좋아 사람에게 물어본다

세상 벗님네야 말 한번 물어보자
시방 여기가 어디라고 한다더냐

낙동강아 사방을 둘러봐라
금정산이 반기려 만년도 더 서있고
김해 벌판 입이 저절로 벌어지지 않느냐
여기가 동양의 유토피아
구포 감동진 나루터가 이곳 아니냐.

그리움 젖는 을숙도

서주열 詩人 제 6 시집

인쇄일_ 2014년 12월 6일
발행일_ 2014년 12월 10일

지 은 이_ 서주열
펴 낸 이_ 최경식
펴 낸 곳_ 도서출판 청옥문학사
디 자 인_ 문화마을

등록번호_ 제10-11-05호
편 집 실_ 부산시 동래구 명륜로 203-6 (금강빌딩 B동 2층)
전 화_ 051-517-6068 / 051-728-6068
E-mail_ kyu500@hanmail.net

ISBN 978-89-97805-27-3
값_ 10,000원